To all the animals: wild, furry, or cooked medium rare.

ISBN: 9781792047282

416

332

66
Wo
service innovation group 3
beezy / spenta 2
creative hothouse 1
lab of dreams

66

18
Fundació Apip-Acam
Acció social i residencial
apip
CENTRE DE FORMACIÓ OCUPACIONAL
Can Fanga

22

54

RVSO
RAPTA.

GALLERY'STORE
DISSENY
ART BOOKBINDING
UPCYCLING
LOVELY SOUVENIRS

ANDY HOMO
ROBA

WORKSHOP

LUZ

CatSalut
Primària
Passeig
de Sant Joan

8

4

8

MASSATGES TERAPÈUTICS
BIOMAGNETISME
REFLEXOTERÀPIA
STRESS
REIKI
RESK DFM
J'EXISTE.
BNT

53

ZONA
VIDEOVIGILADA

26

RELOJERIA
A. Abellanas

2

AIGUA POTABLE

nocciola
RESIDUO ZERO

139

132

TABACS
83
YEKA
DINES

86

44 - toto

Direct
Alarma
con Aviso a Policía

10

CONECTADA
PROSEGUR

OFICINES

Betlem
ESCOLA D'EDUCACIÓ
MATERNAL I INFANTIL
BETLEM
ESCOLES
English & colours betlem
School for kids
ESTIMULACIÓ
MUSICAL PER
A NADONS

INSTALACION PROTEGIDA
PROSEGUR

MADERAS
CARRER
DE LA
RIERA ALTA
ESPECIALIDAD
en
PARQUETS
PLASTIFICADOS
AGLOMERADOS
VENTA
de
MADERAS

902 099 510
CONTROLA
TU GLUCEMIA
EN ESTA
FARMACIA
LDA. INES TARRES OLLER

ACOMPAÑAR LA
PUERTA AL CERRA

9

15

96

FARMACIA NADAL
ANTIGA Dr. MASÓ ARUMÍ

ravaleja!

115
Direct
Alarma
zerovision

46

Núria Casterà
CONTRUCCIONS METAL·LIQUES
Llautó - Bronze - Alumini - Ferro
AUXILIAR DE LA RETOLACIÓ
Especialitat en Acer Inoxidable

COMPRA-VEN

54

1891

14
14

0-24h

12

32

42

CARRER
DE
LA RIBERA
ALDI

Camions, fu
i vehicles mixtes
Laborables de dil
8-20
Validació via telem
Temps màxim
Codi Zona:
ATS A
CARRER
CORREFOC

0-24h.

29

LLIBRERIA
a peu, de pàgina

161
Soc de barri.

158

93B

TABACS

98
Venda

88

Catalana Occident Assegurances

PARROQUIA Mª AUXILIADORA

DIMARTS
DE DIMECRES
A DISSABTE
Eines i feines
del camp
a Catalunya

17

16.
A.
40%
EN
ALIANZAS
Y
BRILLANTES
OFERTAS DE
PLATA EN EL
INTERIOR
OUTLET
OFERTAS
PLATA EN
INTERIOR
OUTLET
SILVER
INSIDE

1872
35
Ajuntament de Barcelona
Punt d'Informació
Juvenil
Districte
Sants - Montjuïc
Ajuntament de Barcelona
Espai 12 @ 16
Districte
Sants - Montjuïc

56

Yolanda
BUGADERIA TINTORERIA

63
BAR MUY BUENAS
63
CASA DE
COMIDAS
MENJARS
CASOLANS
REFRESCOS Y
APERITIVOS
ABONOS SEMANALES

179 / 197

16
Casa de
Cultura
El Masnou

Direct
Alarma
Aviso a Policía
902 366 366

11
ADT

0-49771
AT

14
ME UN ACCORD

MORNAU
GALLERY